한 권으로 끝내는

초등 입학 준비 끝!

한글

KB025176

MiraeN 아이세움

한 권으로 끝내는 초등 입학 준비

자녀가 초등학교 입학을 앞둔 학부모는 준비할 것도, 걱정도 많아집니다.
유치원에서 한글이나 수 세기와 같은 기본 교육을 받았지만
'내 아이가 학교 교육과정을 따라가지 못하면 어쩌지?' 하는 두려움이 들기 때문입니다.

〈한 권으로 끝내는 초등 입학 준비 끝!〉 시리즈는

초등 입학 전 자녀를 둔 부모님들의 이런 걱정을 말끔히 해소해 줄 초등 예비 학습서입니다.
한글, 수학, 영어, 한자, 학교생활 다섯 영역별로 초등학교에 들어가기 전에
알아야 할 필수 문제를 실어, 차근차근 초등 입학 준비를 할 수 있습니다.

1 개정된 초등 교육과정을 반영한 입학 전 필수 문제로 구성!

한글, 수학, 영어, 한자, 학교생활로 구성된 5권의 책에는 개정된 초등 교육과정을 반영한
필수 문제들이 실려 있습니다. 달라진 교과서에 맞추어 1학년 초등 교과서를 심층 분석하여
초등학교 입학을 앞둔 어린이들에게 꼭 필요한 내용을 선별하여 문제로 엮었습니다.

한글 낱말, 글자, 문장 표현 등을 익히면서 초등학교 국어 교육과정을 미리 학습합니다.
수학 수와 연산, 도형, 측정 등을 익히면서 초등학교 수학 교육과정을 미리 학습합니다.
영어 알파벳, 낱말, 문장 표현, 생활 회화 등을 익히면서 초등학교 영어 교육과정을 미리 학습합니다.
한자 한자능력검정시험 7, 8급에 출제되는 한자를 익히면서 초등학교 필수 한자를 미리 학습합니다.
학교생활 학교 규칙, 예절, 안전 등을 익히면서 학교생활에 완벽하게 적응할 수 있는 자신감을 기릅니다.

2 내실 있는 알찬 문제로 초등 교과 학습 내용을 미리 공부!

〈한 권으로 끝내는 초등 입학 준비 끝! 한글〉은 초등학교에 입학하기 전에
꼭 알아야 할 한글 문제들을 총정리할 수 있도록 엮었습니다.
유아 학습지처럼 쉽게 실전에 가까운 선행 학습을 할 수 있도록 구성했습니다.

3 '학습 체크리스트'로 영역별 학습 목표를 정확히 알고 차근차근 학습 완료!

각 영역별로 아이가 꼭 알아야 할 학습 목표를 '학습 체크리스트'로 제시하였습니다.
각 학습을 완료할 때마다 ☐ 안에 표시함으로써 아이가 무엇을 배웠는지,
부족한 부분은 무엇인지 파악하여 차근차근 학습을 완료해 나갈 수 있습니다.

초등 1학년 국어, 이렇게 지도하세요

1 꾸준한 '받아쓰기'로 맞춤법, 띄어쓰기 정복!

받아쓰기는 맞춤법과 띄어쓰기를 익히기에 더없이 좋은 학습 방법으로,
학습이 아닌 놀이로 접근하는 것이 좋습니다. 처음에는 부모와 아이가 함께 읽었던
책 내용 속에서 문제를 내다가, 점차 교과서 내용으로 옮겨 가도록 합니다.
단어나 문장이 나왔던 장면을 재연하며 문제를 풀면 훨씬 쉽게 기억되며,
아이가 싫증 내지 않고 잘 따라옵니다.

2 능동적 독서로 배경 지식 쌓기!

독서 습관은 어려서부터 길들여 놓는 것이 중요합니다.
아이 스스로 책을 찾아 읽을 수 있도록 지속적으로 훈련시켜 주세요.
아이가 책을 읽을 때는 주위를 조용하게 해서 책에만 집중할 수 있도록 만들어 줍니다.
글을 읽다가 궁금한 점이 생겼거나 느낀 점이 있다면 메모를 하도록 지도해 주세요.
메모는 나중에 생각을 정리할 때 도움이 됩니다.

3 일기 쓰는 습관으로 글쓰기를 쉽게!

글을 쓰는 일은 생각처럼 쉽지 않습니다. 생각을 정리하고, 그 생각을 논리적으로 서술하는 과정은
하루아침에 이루어지지 않는 만큼 꾸준한 연습이 필요한데, 가장 좋은 방법이 '일기 쓰기'입니다.
하루 동안 있었던 일을 곰곰이 되짚어 보는 사고의 과정을 거쳐 어떤 사건이 일어났을 때
자신이 느꼈던 감정, 반성의 마음 등을 떠올리며 생각을 정리하도록 지도합니다.
매일 일기를 쓰다 보면 소풍이나 생일처럼 특별한 사건이 아니더라도 날마다 반복되는
일상 속에서 '나를 슬프게 했던 친구', '나를 길러 주시는 부모님에 대한 고마움'처럼
글감으로 쓸 만한 소재를 발견하게 되며, 글 쓰는 실력이 향상됩니다.

4 새로운 단어, 모르는 단어는 국어사전 찾기!

초등 저학년 때는 책을 읽다가 또는 텔레비전을 보다가 새로운 어휘의 뜻을
부모님께 묻기 미런입니다. 이때는 바로 대답해 주기보다는 아이와 함께 사전을 찾아
스스로 알 수 있게 해 주는 것이 좋습니다. 아이가 사전을 찾아서 설명을 읽어도
그 뜻을 알 수 없는 경우에는 생활 속의 예를 들어 쉬운 말로 풀어서 설명해 주세요.
아이가 사전 찾는 일에 습관을 붙일 때까지 부모가 제2의 사전 역할을 충실히 해 주어야 합니다.

초등 1학년 국어, 체크 포인트!

1학년 1학기

1. 바른 자세로 읽고 쓰기
바르게 듣고 읽는 자세, 소리 내어 낱말 읽기, 바르게 앉아 글자 쓰기에 대해 배웁니다. 바르게 연필을 잡고 또박또박 글씨 쓰는 훈련이 잘되어야 악필이 되는 것을 막을 수 있습니다.

2. 재미있게 ㄱㄴㄷ
자음자의 이름과 소릿값 알기, 자음자 쓰기에 대해 배웁니다. 자음자는 부르는 이름과 발음이 다르기 때문에 정확히 학습해야, 글자의 짜임에 따라 여러 가지 글자를 만들어 보는 활동을 원활하게 할 수 있습니다.

3. 다 함께 아야어여
모음자의 모양과 이름 알기, 여러 가지 낱말에서 모음자 찾기, 모음자 쓰기에 대해 배웁니다. 모양과 소리로 익힌 모음자를 직접 쓰는 활동을 통해 모음자의 체계를 완성할 수 있습니다.

4. 글자를 만들어요
글자의 짜임에 대한 기초 지식을 학습하고 글자를 읽고 쓰는 능력을 키웁니다. 여러 가지 모음자 알기, 받침이 없는 글자 만들기를 통해 체계적인 한글 구조를 파악하고, 배운 내용을 토대로 여러 가지 낱말을 만들어 봅니다.

5. 다정하게 인사해요
바른 자세와 마음가짐으로 상황에 알맞은 인사말을 하는 방법에 대해 배웁니다. 공손한 자세와 목소리, 표정 등 비언어적인 부분도 주의하여 예절 바른 어린이가 될 수 있도록 합니다.

6. 받침이 있는 글자
글자를 정확하게 써야 하는 까닭, 받침이 있는 글자를 읽고 쓰기에 대해 배웁니다. 받침이 없는 글자에 받침을 더하는 방식으로 자음자, 모음자, 자음자의 순서로 조합해 받침이 있는 글자가 만들어지는 원리를 이해할 수 있습니다.

7. 생각을 나타내요
문장에 어울리는 낱말 넣기, 그림을 보고 문장 완성하기, 문장을 쓰고 읽기에 대해 배웁니다. 낱말 쓰기의 기초를 익히고, 문장 구성의 원리를 배울 수 있습니다.

8. 소리 내어 또박또박 읽어요
글을 알맞게 띄어 읽어야 하는 이유와 문장 부호를 배우고, 글을 알맞게 띄어 읽어 봅니다. 글의 의미가 드러나게 띄어 읽으면서 좀 더 자연스럽고 효과적인 언어 사용 능력을 키울 수 있습니다.

9. 그림일기를 써요
기억에 남는 일을 떠올려 그림일기를 써 봅니다. 처음 글을 쓰는 아이들이 부담이 없도록 글과 그림으로 함께 표현해 봅니다. 자기의 생각을 간단한 문장 수준에서 지속적인 글쓰기로 발전시켜 쓰기의 토대를 만들어 줍니다.

1학년 2학기

1. 소중한 책을 소개해요
책을 읽은 경험을 떠올려 친구들에게 자신이 좋아하는 책을 소개하고, 쌍받침이 있는 글자에 대해 배웁니다.

2. 소리와 모양을 흉내 내요
소리와 모양을 흉내 내는 말의 재미 느끼기, 흉내 내는 말을 넣어 문장 만들기를 해 봅니다. 또 쌍받침과 겹받침에 대해 알고 쌍받침과 겹받침이 사용된 낱말을 익힙니다.

3. 문장으로 표현해요
문장 부호의 쓰임과 꾸며 주는 말을 넣어 문장 만들기에 대해 배웁니다. 쉼표, 마침표, 물음표, 느낌표와 함께 새로운 문장 부호인 큰따옴표, 작은따옴표의 쓰임을 익힙니다.

4. 바른 자세로 말해요
여럿이 함께 들을 때의 예절, 듣는 사람을 바라보며 자신 있게 말하기, 느낌을 살려 이야기 읽기에 대해 배웁니다. 바른 자세로 자신 있게 말하며 듣는 능력을 기르며 올바른 듣기·말하기 태도를 기릅니다.

5. 알맞은 목소리로 읽어요
알맞은 목소리로 글을 읽는 까닭을 알고, 알맞은 목소리로 이야기를 읽는 방법에 대해 배웁니다. 목소리의 크기, 말의 빠르기, 분위기에 맞는 실감 나는 목소리로 직접 이야기를 읽어 봅니다.

6. 고운 말을 해요
듣는 사람을 생각하며 자신의 기분이나 느낌을 말하는 방법에 대해 배웁니다. 상대의 기분이나 느낌을 배려하며 대화하는 능력, 대화하는 상대를 존중하는 자세 등을 기를 수 있습니다.

7. 무엇이 중요할까요
인물이 한 일이나 일어난 사건을 떠올려 보고 중요한 내용을 정리하기, 내용에 알맞은 제목 붙이기에 대해 배웁니다. 글의 내용을 파악하기 위한 기본적인 활동을 통해 글을 이해하는 능력을 기를 수 있습니다.

8. 띄어 읽어요
문장 부호에 주의하여 글을 바르게 띄어 읽으며, 글의 의미를 잘 이해할 수 있는 기초 능력을 기릅니다. 또한 무엇을 설명하는지 생각하며 글을 실감 나게 읽어 봅니다.

9. 겪은 일을 글로 써요
인상 깊었던 일이나 겪은 일에 대한 생각이나 느낌을 노래나 이야기 등으로 표현하고, 글로 써 봅니다.

10. 인물의 말과 행동을 상상해요
이야기의 삼 요소인 인물, 사건, 배경 가운데에서 '인물'에 대해 배웁니다. 인물의 말과 행동을 통해 이야기를 이해하는 기초를 다집니다.

낱말

각각의 사물 이름을
글자로 나타낼 수 있습니다.

학습 체크리스트

- [ ] 글자 익히고 쓰기
- [ ] 쌍자음 익히고 쓰기
- [ ] 이중모음 익히고 쓰기
- [ ] 쌍자음 · 이중모음 익히고 쓰기
- [ ] 복합어 익히고 쓰기

- [ ] 동사 익히고 쓰기
- [ ] 반대말 알기
- [ ] 맛을 나타내는 말 익히고 쓰기
- [ ] 느낌을 나타내는 말 익히고 쓰기
- [ ] 기분을 나타내는 말 익히고 쓰기

글자 익히고 쓰기

무엇을 먹고 있는지, 알맞은 글자를 찾아 선으로 이으세요.

 •

• 바나나

 •

• 과자

 •

• 케이크

 •

• 포도

글자 익히고 쓰기

낱말

책상 서랍 속의 물건을 살펴보고, 이름을 빈칸에 쓰세요.

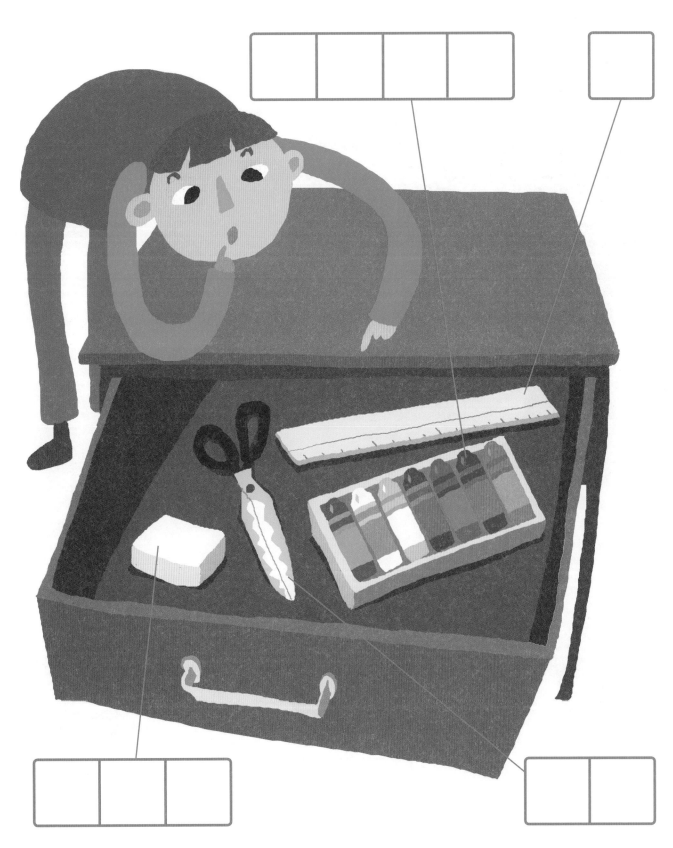

7

글자 익히고 쓰기

숨어 있는 동물들을 찾아 ○표 하고, 빈칸에 이름을 쓰세요.

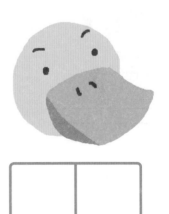

낱말

글자 익히고 쓰기

보기 와 같이 그림에 알맞은 글자를 선으로 잇고,
빈칸에 이름을 쓰세요.

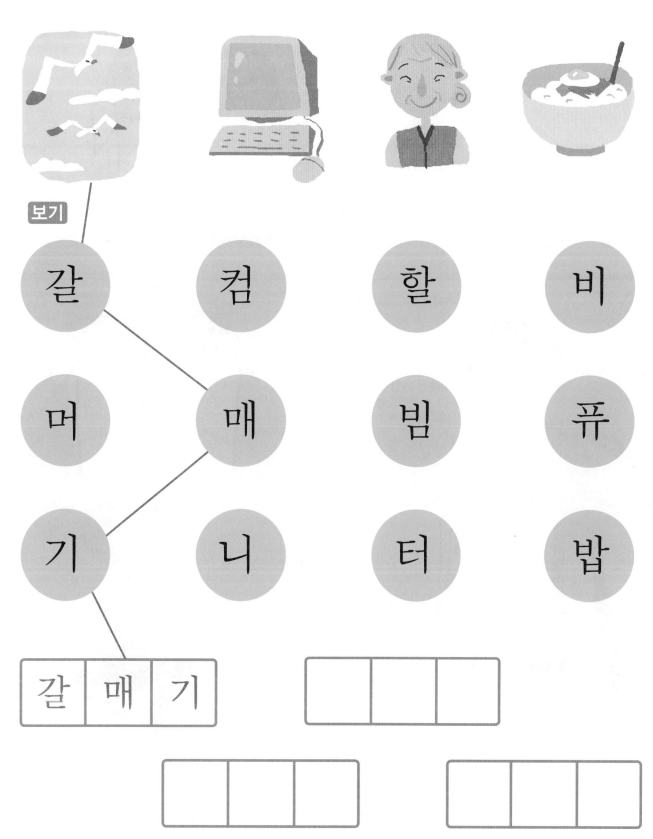

갈	매	기

9

글자 익히고 쓰기

낱말

보기 에서 알맞은 이름을 찾아 장난감 상자에 쓰고,
예쁘게 색칠하세요.

보기   공, 블록, 로봇, 자동차

낱말

글자 익히고 쓰기

지민이가 생일 선물을 받았어요. 어떤 선물을 받았는지 보기 에서
알맞은 글자를 찾아 빈칸에 쓰세요.

보기   필통, 머리핀, 공책, 액자

글자 익히고 쓰기

비가 내려요. 밖에 나가려면 어떤 물건이 필요할까요?
물건을 찾아보고, 빈칸에 이름을 쓰세요.

글자 익히고 쓰기

어떤 꽃이 피었는지 보기 에서 알맞은 글자를 찾아 빈칸에 쓰고,
꽃에 색칠하세요.

보기   국화, 무궁화, 장미, 진달래

낱말

글자 익히고 쓰기

수수께끼를 풀어 보고, 보기에서 이름을 찾아 빈칸에 쓰세요.

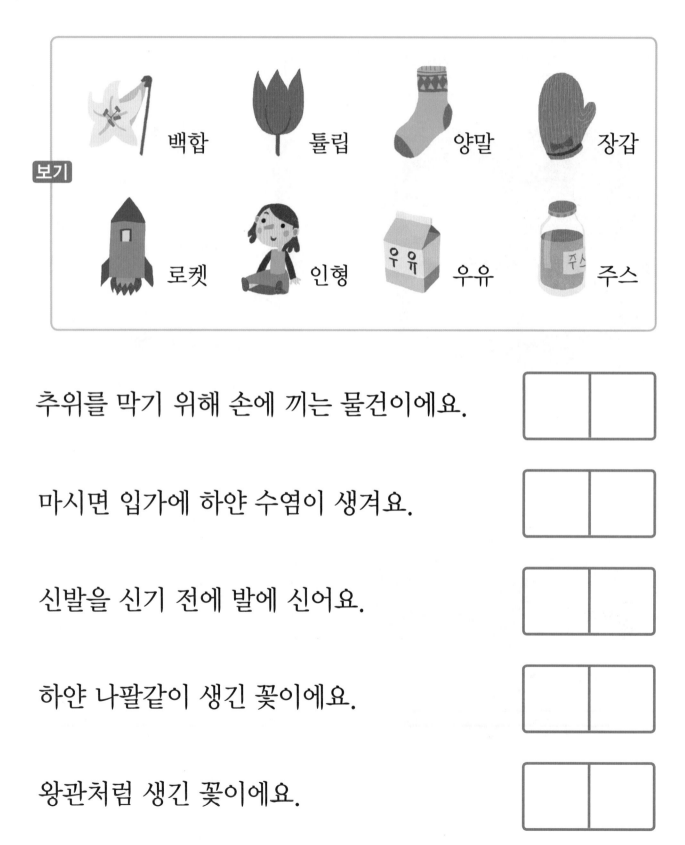

보기

백합   튤립   양말   장갑

로켓   인형   우유   주스

추위를 막기 위해 손에 끼는 물건이에요.

마시면 입가에 하얀 수염이 생겨요.

신발을 신기 전에 발에 신어요.

하얀 나팔같이 생긴 꽃이에요.

왕관처럼 생긴 꽃이에요.

쌍자음 익히고 쓰기

선을 따라가면 편지를 받을 친구가 누구인지 알 수 있어요.
보기에서 편지를 받을 친구의 이름을 찾아 빈칸에 쓰세요.

보기   쌍둥이, 베짱이, 도깨비

이중모음 익히고 쓰기

그림을 보고, 필요한 물건을 찾아 선으로 이으세요.
그리고 보기 에서 알맞은 글자를 찾아 빈칸에 쓰세요.

보기   윗옷, 튜브, 우표, 휴지

쌍자음 · 이중모음 익히고 쓰기

호랑이에게 물건을 주어야 앞으로 갈 수 있어요.
그림을 보고, 어떤 물건을 주었는지 빈칸에 알맞은 글자를 쓰세요.

바구니 속의 물건과 친구의 옷차림이 어떻게 변했는지 살펴보세요.

복합어 익히고 쓰기

낱말

글자 카드가 찢어졌어요. 바른 짝을 찾아 선으로 이으세요.

손 •

• 그릇

밥 •

• 다리

돌 •

• 바닥

18   '손바닥'은 '손＋바닥'으로 두 낱말이 합쳐져서 만들어진 복합어임을 압니다.

복합어 익히고 쓰기

낱말

두 글자가 만나면 무슨 글자가 되는지 그림을 보고,
보기에서 알맞은 글자를 찾아 빈칸에 쓰세요.

보기   책가방, 안경집, 유리창

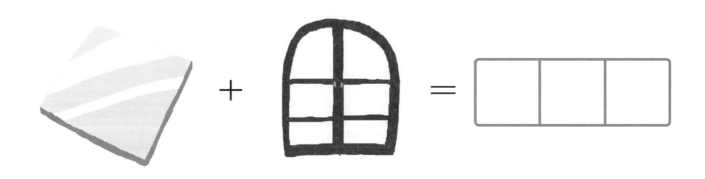

복합어 익히고 쓰기

요술 기계에서 새로운 물건이 나왔어요.
무슨 물건이 나왔는지 알맞은 글자를 빈칸에 쓰세요.

복합어 익히고 쓰기

각각 뜻이 있는 두 글자를 합치면 무슨 글자가 되는지 빈칸에 쓰세요.

각각 의미가 있는 글자가 합쳐져서 또 다른 의미의 복합어가 되는 것을 익히는 활동입니다.

동사 익히고 쓰기

가족들이 무엇을 하고 있는지 알맞은 글자에 ○표 하세요.

보다 / 차다

말하다 / 듣다

먹다 / 던지다

동사 익히고 쓰기

낱말

무엇을 하고 있는지 보기 에서 알맞은 글자를 찾아 빈칸에 쓰세요.

보기   넣다, 신다, 쓰다, 입다

양말을 ☐☐ .

옷을 ☐☐ .

모자를 ☐☐ .

책을 ☐☐ .

동사 익히고 쓰기

보기 에서 알맞은 글자를 찾아 빈칸에 쓰세요.

보기	던져요, 쳐요, 달려요

헤엄을 ☐☐.

공을 ☐☐☐.

빨리 ☐☐☐.

동사 익히고 쓰기

엄마가 무엇을 하시는지 알맞은 글자를 찾아 선으로 이으세요.

씻다

썰다

닦다

끓이다

낱말

동사 익히고 쓰기

동물 친구들이 무엇을 하는지 보기 에서 알맞은 글자를 찾아
빈칸에 쓰세요.

보기 　　만들어요, 그려요, 붙여요, 오려요

너구리는 그림을 　 　 　 .

사자는 모자를 　 　 　 　 .

토끼는 색종이를 　 　 　 .

오리는 풀로 종이배를 　 　 　 .

동사 익히고 쓰기

어떻게 움직이고 있는지, 알맞은 글자에 ○표 하세요.

걸어요 / 뛰어요

걸어요 / 뛰어요

앉아요 / 서요

앉아요 / 서요

27

동사 익히고 쓰기

무엇을 하는지 보기 에서 알맞은 글자를 찾아 빈칸에 쓰세요.

보기　　　올라가요, 주어요, 던져요, 걸어요

동사 익히고 쓰기

낱말

그림을 보고, 무엇을 하는지 알맞은 글자를 찾아
선으로 이으세요.

파요

마셔요

짖어요

기어가요

29

낱말

반대말 알기

그림을 보고, 어떤 상황인지 보기 에서 알맞은 글자를 찾아
빈칸에 쓰세요.

보기   깨끗하다, 시끄럽다

지저분하다

조용하다

그림을 보고, 서로 반대되는 말을 익힙니다.

낱말

반대말 알기

그림을 보고, 알맞은 글자를 찾아 ○표 하세요.

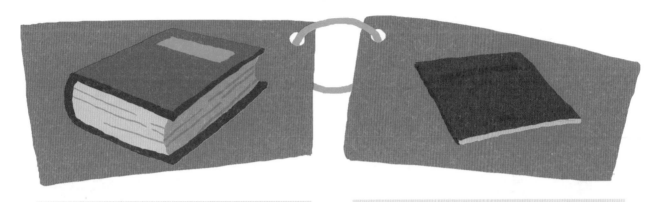

두껍다 / 얇다   두껍다 / 얇다

굵다 / 가늘다   굵다 / 가늘다

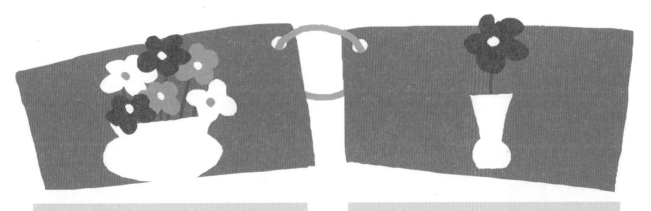

많다 / 적다   많다 / 적다

반대말 알기

그림에 알맞은 글자를 찾아 선으로 이으세요.

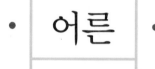
어른

아이

남자

여자

산

바다

반대말 알기

그림을 보고, 보기 에서 알맞은 글자를 찾아 빈칸에 쓰세요.

보기 입어요, 꺼요, 켜요, 벗어요

☐☐   ☐☐

☐☐☐   ☐☐☐

맛을 나타내는 말 익히고 쓰기

낱말

어떤 맛이 날까요? 그림을 보고, 보기 에서 알맞은 글자를 찾아
빈칸에 쓰세요.

보기   짜다, 맵다, 달다, 쓰다

느낌을 나타내는 말 익히고 쓰기

낱말

그림을 보고, 알맞은 글자를 찾아 선으로 이으세요.

시원하다

뜨겁다

따뜻하다

차갑다

35

느낌을 나타내는 말 익히고 쓰기

손으로 만졌을 때 어떤 느낌일지 생각해 보고, 보기 에서
알맞은 글자를 찾아 빈칸에 쓰세요.

보기   딱딱해요, 폭신폭신해요, 부드러워요, 거칠거칠해요

기분을 나타내는 말 익히고 쓰기

그림을 보고, 어떤 기분인지 보기 에서 알맞은 글자를 찾아
빈칸에 쓰세요.

보기   즐겁다, 슬프다, 무섭다, 화나다

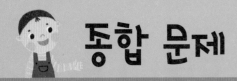

종합 문제

그림을 보고, 보기 에서 알맞은 글자를 찾아 빈칸에 쓰세요.

보기   오리, 휴지, 돌다리, 양말, 쓰다, 닦다, 여자, 남자

글자

각각의 글자를 결합하여
낱말을 바르게 나타낼 수 있습니다.

학습 체크리스트

☐ 글자 모아 낱말 만들기	☐ 공통 받침이 들어간 글자 구별하기
☐ 공통 글자 구별하기	☐ 자음과 모음 결합하여 글자 만들기
☐ 받침 결합하여 낱말 만들기	☐ 자음과 모음 결합하여 낱말 만들기
☐ 공통 받침 구별하기	

글자 모아 낱말 만들기

글자

보기 와 같이 섞여 있는 글자들을 빈칸에 바르게 쓰세요.

보기

| 나 | 리 | 개 | ➡ | 개 | 나 | 리 |

| 바 | 비 | 람 | 개 |

➡ | | | | |

| 크 | 이 | 아 | 림 | 스 |

➡ | | | | | |

| 레 | 전 | 비 | 텔 |

➡ | | | | |

낱말은 각각의 글자가 모여서 만들어진다는 것을 알고, 사물의 이름을 바르게 써 보는 활동입니다.

글자 모아 낱말 만들기

주머니 속에 섞여 있는 글자들을 빈칸에 바르게 쓰세요.

공통 글자 구별하기

같은 글자끼리 한집에 살아요. 같은 글자를 찾아 빈칸에 쓰세요.

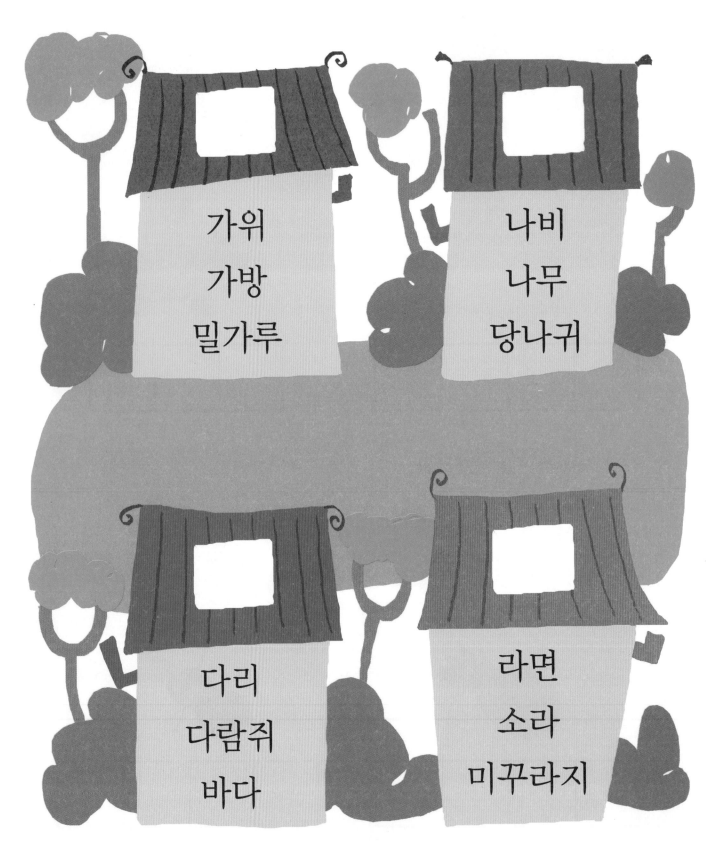

가위
가방
밀가루

나비
나무
당나귀

다리
다람쥐
바다

라면
소라
미꾸라지

글자

공통 글자 구별하기

어느 정류장에서 내려야 하는지 이름에 들어 있는 글자와
같은 정류장 표시를 선으로 이으세요.

물건 이름에 들어 있는 글자를 구별하는 활동입니다.

43

공통 글자 구별하기

보기 와 같이 빈칸에 알맞은 이름을 쓰고,
같은 글자가 들어간 것끼리 선으로 묶으세요.

보기

| 강 | 아 | 지 |

| 병 | 아 | 리 |

여러 낱말 안에 공통으로 들어간 글자 '아, 자, 차'를 구별해 내는 활동입니다.

글자

공통 글자 구별하기

같은 글자가 쓰여 있는 구슬을 꿰어서 목걸이를 만들었어요.
어떤 글자가 똑같이 들어갔는지 빈칸에 쓰세요.

카멜레온

타조

넥타이

낙타

타

양파

파리

크레파스

머리카락

카드

낙하산

하모니카

하마

받침 결합하여 낱말 만들기

그림을 보고, 보기 와 같이 알맞은 받침을 바퀴에 쓰세요.

받침 결합하여 낱말 만들기

보기 와 같이 빠진 받침을 빈칸에 쓰세요.

보기

느 대
ㄱ

배
☐

고
☐

아 어
☐

거 부
☐

사 스
☐

다 라 쥐
☐

공통 받침 구별하기

'ㄴ' 받침이 들어가는 글자들을 '간'부터 '한'까지
차례대로 선으로 이어 그림을 완성하세요.

한

간
판

난
탄

단
칸

란

산 안

만
찬

반 잔

48

공통 받침이 들어간 글자 구별하기

수레에 쓰인 글자와 같은 글자가 들어간 물건을 찾아
선으로 이으세요.

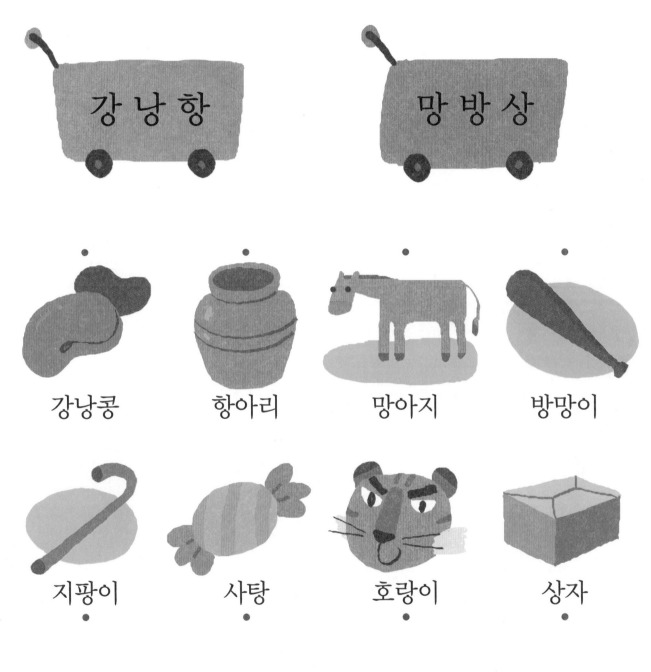

강낭항

망방상

강낭콩

항아리

망아지

방망이

지팡이

사탕

호랑이

상자

팡탕랑

49

글자

자음과 모음 결합하여 글자 만들기

할머니께 음식을 가져다 드려요. 낱자가 만나서 된 글자를 찾아 길을 따라가세요.

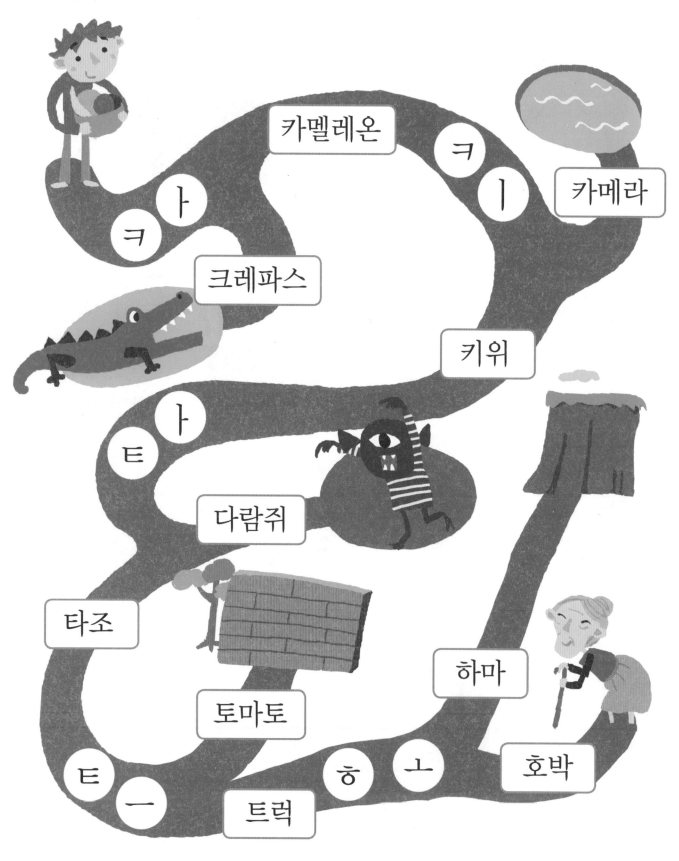

자음과 모음 결합하여 글자 만들기

낱자 조각을 맞추면 무슨 글자가 되는지 같은 글자가 들어 있는
카드를 찾아 선으로 이으세요.

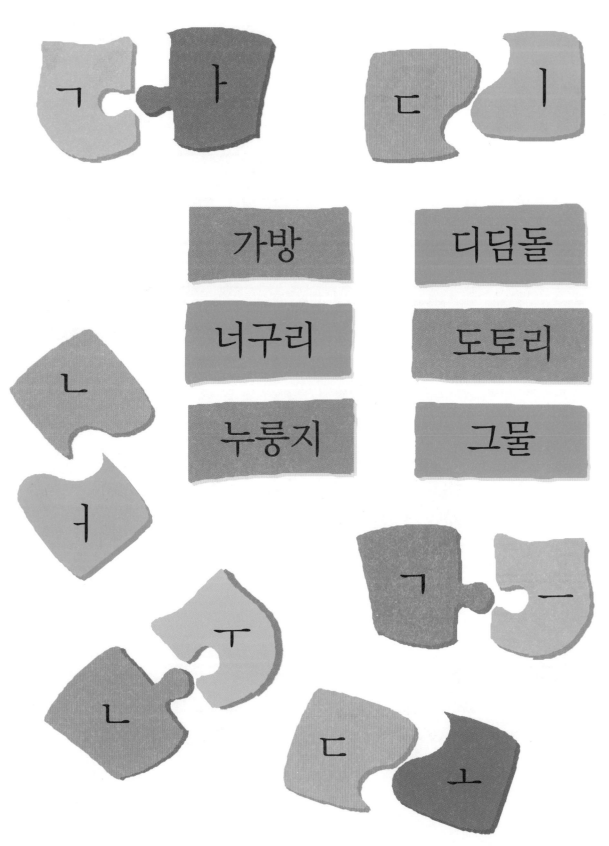

ㄱ ㅏ

ㄷ ㅣ

가방	디딤돌
너구리	도토리
누룽지	그물

ㄴ

ㅓ

ㄱ ㅡ

ㅜ

ㄴ

ㄷ

ㅗ

자음과 모음 결합하여 글자 만들기

열매에 쓰인 낱자를 모으면 무슨 글자가 되는지
빈칸에 알맞게 쓰세요.

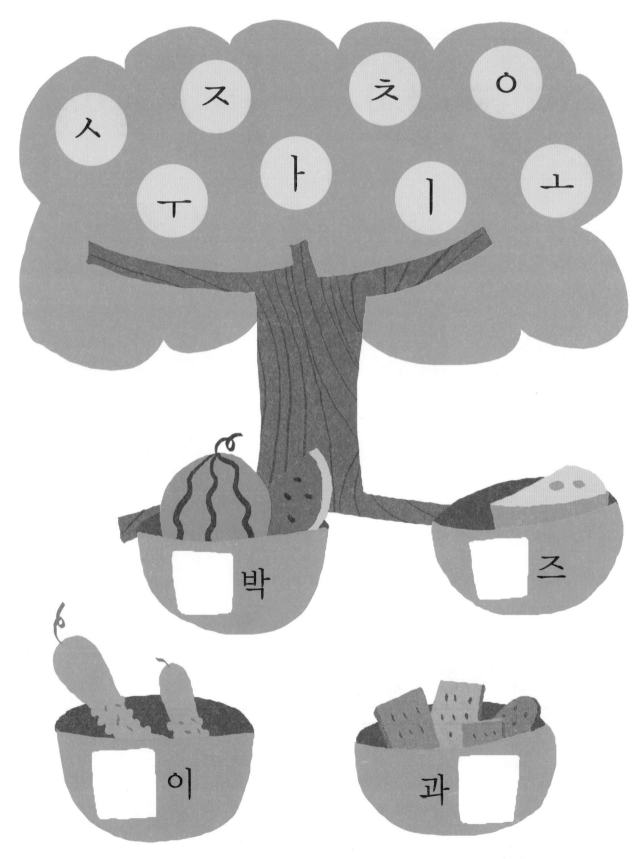

자음과 모음 결합하여 낱말 만들기

낱자를 모으면 무슨 글자가 되는지 빈칸에 알맞게 쓰세요.

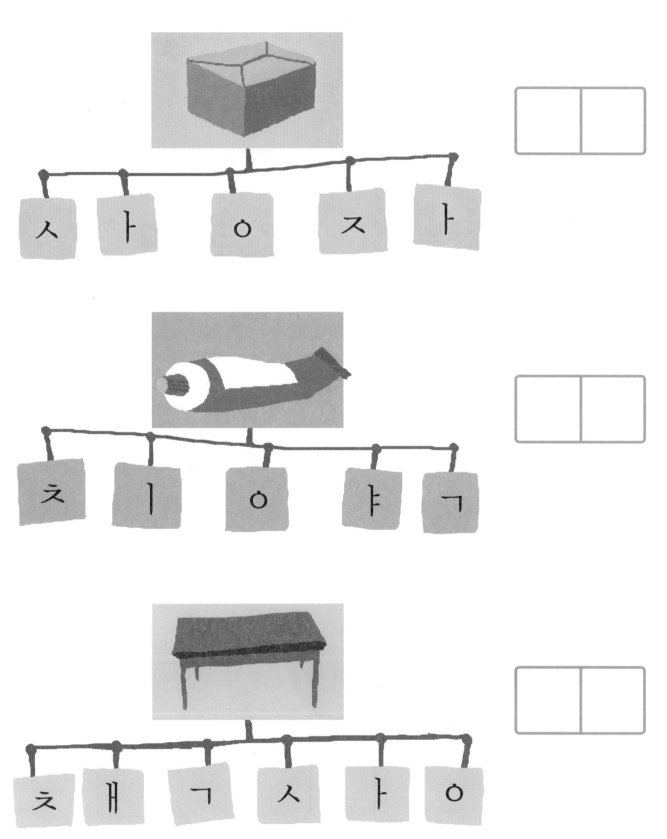

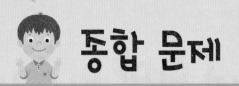
낱자를 모으면 무슨 글자가 될까요?
사다리를 타고 내려가 빈칸에 알맞은 글자를 쓰세요.

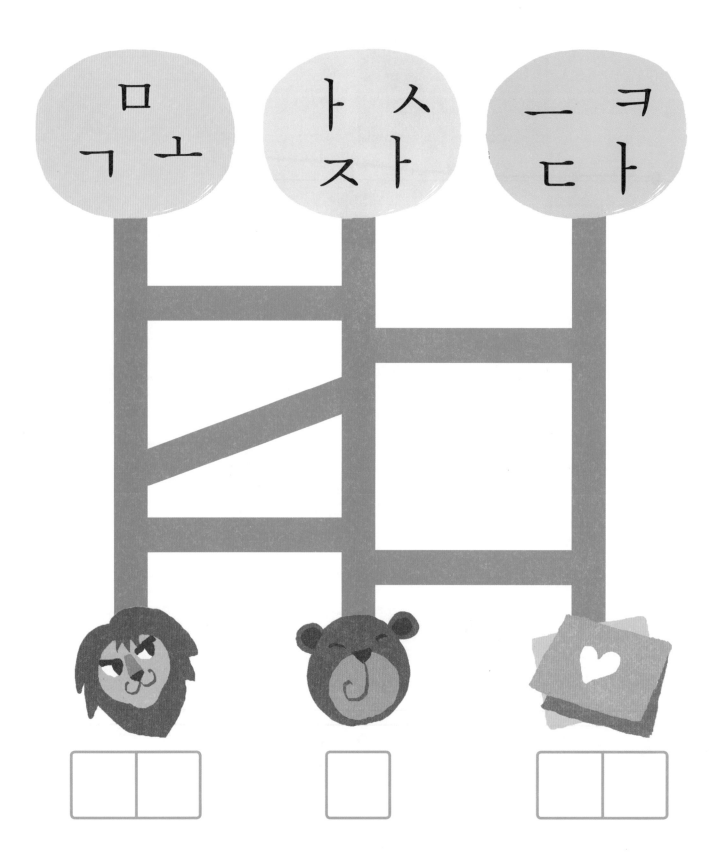

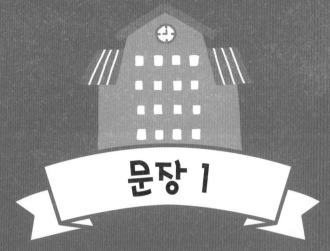

문장 1

흉내 내는 말, 반대말, 비슷한 말 등
문장을 만드는 데 필요한 어휘를
바르게 사용할 수 있습니다.

흉내 내는 말 익히고 쓰기

보기 에서 동물들이 내는 소리에 알맞은 글자를 찾아 빈칸에 쓰세요.

보기   멍멍, 야옹, 꿀꿀, 삐악

소리를 흉내 내는 말인 의성어를 배우면서 어휘를 확장합니다.

흉내 내는 말 익히고 쓰기

부엌에서 요리할 때 나는 소리에는 어떤 것이 있는지,
그림에 알맞은 소리를 찾아 ○표 하세요.

탁탁탁탁
딸랑딸랑

보글보글
콜록콜록

콸콸
지글지글

흉내 내는 말 익히고 쓰기

'토끼와 거북' 이야기를 읽어 보고, 빈칸에 알맞은 글자를 쓰세요.

어느 따뜻한 봄날,
토끼와 거북이 달리기 시합을 해요.
토끼는 깡충깡충 뛰어요.
거북은 엉금엉금 기어요.
한참을 가던 토끼는 뒤를 돌아보았어요.
"하하하, 느림보 같으니라고!
여기까지 오려면 아직도 멀었잖아.
시원한 그늘에서 낮잠이나 자야겠다."
토끼는 나무 밑에서 쿨쿨 낮잠을 자고,
거북은 땀을 뻘뻘 흘리며 기어 왔어요.

토끼는 [ ][ ][ ][ ] 뛰어요.

거북은 [ ][ ][ ][ ] 기어요.

토끼는 [ ][ ] 낮잠을 자요.

거북은 땀을 [ ][ ] 흘려요.

흉내 내는 말 익히고 쓰기

그림을 보고, 보기 에서 알맞은 글자를 찾아 빈칸에 쓰세요.

보기   주렁주렁, 뭉게뭉게, 아장아장, 쨍쨍

모양이나 동작을 흉내 내는 말을 익히는 활동입니다.   59

흉내 내는 말 익히고 쓰기

동시를 읽어 보고, 그림에 알맞은 글자를 찾아 선으로 이으세요.

풍덩 엄마 오리 연못 속에 풍덩

퐁당 아기 오리 연못 속에 퐁당

둥둥 엄마 오리 연못 위에 둥둥

동동 아기 오리 연못 위에 동동

풍덩 •      • 동동

퐁당 •      • 둥둥

60

흉내 내는 말 익히고 쓰기

그림을 보고, 보기 에서 알맞은 글자를 찾아 빈칸에 쓰세요.

보기   깡충깡충, 반짝반짝, 껑충껑충, 번쩍번쩍

발음과 의미가 비슷한 의성어, 의태어의 작은 차이를 이해하며 상황에 알맞은 말을 사용합니다.

반대말 익히고 쓰기

형과 나는 무엇이 다른지 보기에서 알맞은 글자를 찾아 빈칸에 쓰고,
형 물건은 빨간색, 내 물건은 초록색으로 칠하세요.

보기   크다, 작다

형은 키가 ☐☐. 나는 키가 ☐☐.

반대말 익히고 쓰기

글을 읽어 보고, 수민이네 집을 찾아 ○표 하세요.

수민이네 집은 넓은 연못 옆에 있어요.

수민이네 집에는 높은 담장이 있어요.

63

비슷한 말 익히고 쓰기

그림을 보고, 알맞은 글자들을 모두 찾아 선으로 이으세요.

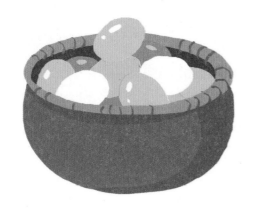

- 계란
- 풍선
- 달걀

- 빵
- 태양
- 해

- 마을
- 동네
- 경찰차

하나의 사물이 여러 이름으로 불리는 것을 익히는 활동입니다.

비슷한 말 익히고 쓰기

그림을 보고, 같은 뜻을 가진 글자를 모두 찾아 ○표 하세요.

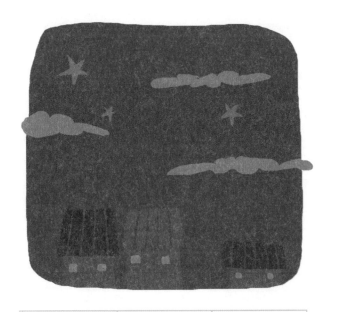

어둡다	밝다	캄캄하다

예쁘다	아름답다	낮다

무섭다	화내다	성내다

슬프다	기쁘다	즐겁다

글자는 같지만 뜻이 다른 낱말 익히기

그림을 보고, 알맞은 글자를 찾아 선으로 이으세요.

걸다

타다

감다

글자는 같지만 뜻이 다른 낱말 익히기

아래 글을 읽어 보고, 알맞은 그림을 찾아 ○표 하세요.

오늘은 소풍 가는 날이에요.

엄마가 맛있는   밥을 싸 주셨어요.

  이 모락모락 나는 코코아도 주셨어요.

선생님을 따라 산으로 갔어요.

나무로 된 를 건너, 넓은 꽃밭에서 놀았어요.

즐겁게 뛰어놀았더니 가 아팠어요.

글자는 같지만 뜻이 다른 낱말 익히기

이름은 같지만 뜻이 서로 다른 글자를 빈칸에 쓰세요.

배가 아파요.

  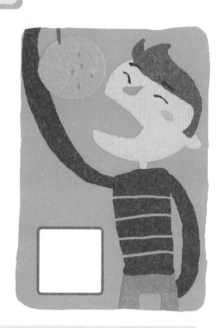

배를 타고 놀러 가요.

배가 맛있어요.

 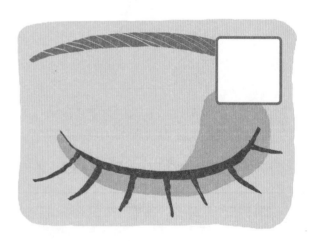

눈이 펄펄 내려요.

눈을 감아요.

같은 글자이지만 발음의 길이에 따라 의미가 달라진다는 것을 알려 주세요.

글자는 같지만 뜻이 다른 낱말 익히기

뜻은 서로 다르지만 이름이 같은 것끼리 선으로 이으세요.

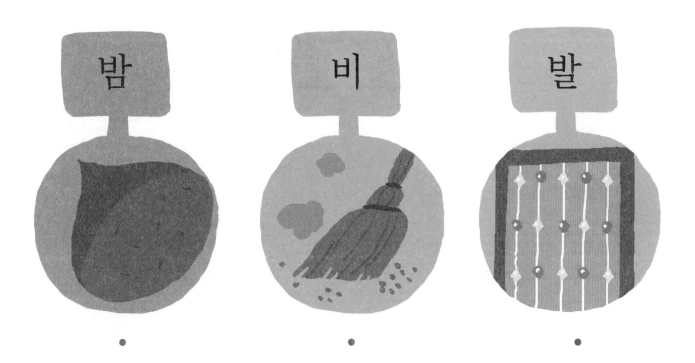

밤　　비　　발

발음은 비슷하지만 뜻이 다른 동사 익히기

무엇을 하는지 보기 에서 알맞은 글자를 찾아 빈칸에 쓰세요.

보기   붙이다, 부치다

우표를 ☐☐☐ .

부침개를 ☐☐☐ .

편지를 ☐☐☐ .

색종이를 ☐☐☐ .

발음은 비슷하지만 뜻이 다른 동사 익히기

문장 1

그림을 보고, 알맞은 글자를 찾아 빈칸에 쓰세요.

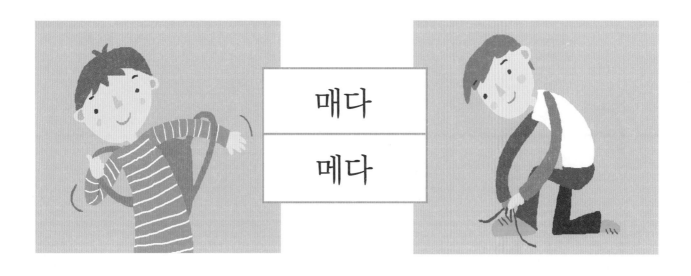

| 매다 |
| 메다 |

가방을 ☐☐ .

끈을 ☐☐ .

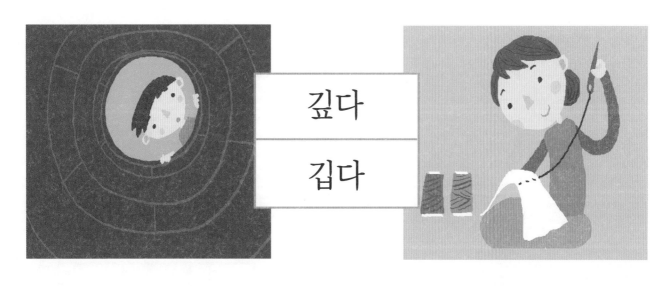

| 깊다 |
| 깁다 |

우물이 ☐☐ .

옷을 ☐☐ .

71

능동사와 피동사의 차이 익히기

그림을 보고, 보기 에서 알맞은 글자를 찾아 빈칸에 쓰세요.

보기 　　열어요, 닫아요, 열려요, 닫혀요

문을 ☐☐☐ .

문이 저절로 ☐☐☐ .

문을 ☐☐☐ .

문이 저절로 ☐☐☐ .

내가 스스로 하는 행동을 나타내는 말(능동사)과
남이 해 주는 행동에 의한 말(피동사)의 차이를 익히는 활동입니다.

능동사와 피동사의 차이 익히기

무엇을 하는지 그림을 보고, 알맞은 글자를 찾아 ○표 하세요.

| 오빠가 밥을 | 먹어요. |
| | 먹여요. |

| 엄마가 밥을 | 먹어요. |
| | 먹여요. |

| 아이가 잠을 | 자요. |
| | 재워요. |

| 엄마가 잠을 | 자요. |
| | 재워요. |

꾸며 주는 말 익히고 쓰기

그림을 보고, 꾸며 주는 말을 넣어 문장이 완성되도록
보기 에서 알맞은 글자를 찾아 빈칸에 쓰세요.

보기	아주, 조금, 잘

현이

병규

민이

병규는 수영을 ☐☐ 잘해요.

민이는 수영을 ☐☐ 할 줄 알아요.

현이는 수영을 ☐ 못해요.

74

꾸며 주는 말 익히고 쓰기

그림을 보고, 문장이 완성되도록 알맞은 글자를 찾아
○표 하세요.

수민이는 스케이트를

겨우
전혀

타지 못한다.

피자가

잘
아주

맛이 있다.

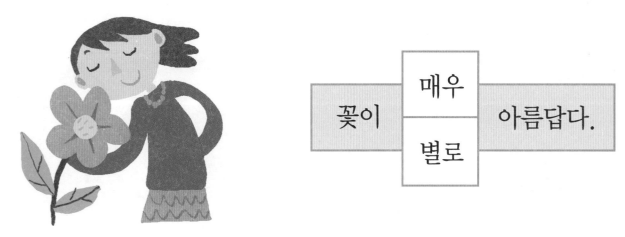

꽃이

매우
별로

아름답다.

75

꾸며 주는 말 익히고 쓰기

앞에 꾸며 주는 말을 넣었을 때 어울리는 글자를 찾아 색칠하세요.

맑은	
높은	산

달콤한	
매운	초콜릿

물렁물렁한	
시원한	바람

폭신한	
딱딱한	이불

꾸며 주는 말 익히고 쓰기

자연스러운 문장이 되도록 보기에서 알맞은 글자를 찾아 빈칸에 쓰세요.

보기   재미있게, 무섭게, 예쁘게, 맛있게

머리를 ☐☐☐ 빗어요.

과자를 ☐☐☐ 먹어요.

책을 ☐☐☐☐ 읽어요.

아이를 ☐☐☐ 꾸짖어요.

꾸며 주는 말 익히고 쓰기

문장과 어울리는, 꾸며 주는 말을 보기 에서 찾아 빈칸에 쓰세요.

보기 귀여운, 뜨거운, 차가운, 커다란

 아기가 웃어요.

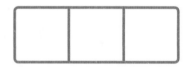 햇볕이 내리쬐어요.

 신발을 신어요.

 아이스크림을 먹어요.

그림을 살펴보고, 각각 다른 느낌을 나타내고 있는 꾸며 주는 말을 익힙니다.

꾸며 주는 말 익히고 쓰기

꾸며 주는 말과 어울리는 물건을 선으로 이은 다음,
물건을 그림 속에서 찾아 ○표 하세요.

네모난 ·

·

동그란 ·

·

뾰족한 ·

·

높임말 익히고 쓰기

그림을 보고, 보기에서 알맞은 글자를 찾아 빈칸에 쓰세요.

보기   밥, 진지, 집, 댁

내가 ☐ 을 먹어요.

할머니께서 ☐☐ 를 드세요.

우리 ☐ 이에요.

할머니 ☐ 이에요.

높임말 익히고 쓰기

문장 1

그림을 보고, 알맞은 글자를 찾아 ○표 하세요.

할머니(가, 께서)
(잡니다, 주무십니다).

아버지(가, 께서) 책을 읽고
(있습니다, 계십니다).

어머니(에게, 께) 책을
(줍니다, 드립니다).

할아버지(가, 께서)
빵을 (먹습니다, 드십니다).

방향 나타내는 말 익히기

흐린 글자를 따라 동서남북을 써 보고, 물음에 답하세요.

여기는 우리 동네예요.
동쪽으로 가면 은행이 있고, 서쪽으로 가면 미용실이 있어요.
남쪽으로 가면 백화점이 있고, 북쪽으로 가면 유치원이 있어요.

미용실은 어느 쪽으로 가야 하나요? (   )

유치원은 어느 쪽으로 가야 하나요? (   )

백화점은 어느 쪽으로 가야 하나요? (   )

은행은 어느 쪽으로 가야 하나요? (   )

동, 서, 남, 북 네 방향을 알고 글자를 익히는 활동입니다.

대명사 익히기

그림을 보고, 알맞은 글자를 찾아 ○표 하세요.

(이것, 저것)은 수학책이고,
(이것, 저것)은 영어책입니다.

(이분, 저분)은 엄마이고,
(이분, 저분)은 할머니예요.

말하는 사람과의 거리를 기준으로 하여, 물건이나 사람의 이름을 대신 나타내는 말(대명사)을 익힙니다.　83

문장 1

위치 나타내는 말 익히기

차례대로 줄을 서서 들어가려고 해요. 보기 에서 알맞은 글자를 찾아 빈칸에 쓰세요.

보기   생쥐, 토끼, 펭귄, 하마, 돼지

토끼 앞에 ☐☐ 가 있어요.

하마 뒤에 ☐☐ 가 있어요.

토끼와 하마 사이에 ☐☐ 이 있어요.

위치 나타내는 말 익히기

위, 아래, 가운데에 있는 동물을 찾아 선으로 이으세요.

 ·

가운데

 ·

아래

· 위

위치를 나타내는 말을 익히는 활동입니다.   85

위치 나타내는 말 익히기

문장 1

보기와 같이 문장을 읽고, 인형과 공, 자동차, 비행기는 어디에 있는지 알맞은 글자를 빈칸에 쓰세요.

보기

안

상자 안에 있어요.

상자 밖에 있어요.

책상 위에 있어요.

책상 아래에 있어요.

86

순서 나타내는 말 익히기

동물 친구들이 달리기 시합을 하고 있어요. 순서에 맞게 알맞은 글자를 보기에서 찾아 빈칸에 쓰세요.

보기　두 번째, 세 번째, 다섯 번째

순서를 나타내는 표현을 익히는 활동입니다.

세는 말 익히기

그림을 보고, 보기 에서 알맞은 글자를 찾아 빈칸에 쓰세요.

보기   송이, 채, 그루, 대, 명

집 다섯 ☐ , 사람 두 ☐ , 자동차 일곱 ☐ ,

나무 세 ☐☐ , 꽃 여섯 ☐☐

물건을 세는 특정 단위를 익히는 활동입니다. 실제 물건을 보며 익힙니다.

세는 말 익히기

그림을 보고, 보기 에서 알맞은 글자를 찾아 빈칸에 쓰세요.

보기   자루, 켤레, 권, 개

연필 다섯 ☐☐

책 여섯 ☐

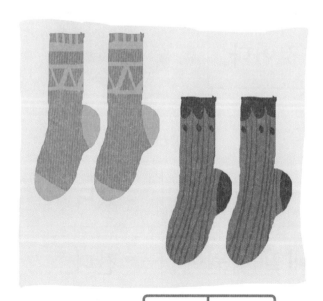

양말 두 ☐☐

인형 세 ☐

때를 나타내는 말 알기

때를 나타내는 말과 어울리는 글자를 찾아 색칠하세요.

어제는 주룩주룩 비가	왔다.
	온다.
	올 것이다.

나는 지금 집에서 책을	읽었다.
	읽고 있다.
	읽을 것이다.

나는 내일 병원에	갔다.
	간다.
	갈 것이다.

예전에 한 일과 지금 하는 일, 나중에 할 일을 표현하는 글을 통해 과거, 현재, 미래를 나타내는 말을 익힙니다.

때를 나타내는 말 알기

그림을 보고, 보기 에서 알맞은 글자를 찾아 빈칸에 쓰세요.

보기   어제, 지금, 내일

나는

놀이동산에 갔어요.

나는

밥을 먹고 있어요.

나는

자전거를 탔어요.

나는

할머니 댁에 갈 거예요.

91

때를 나타내는 말 알기

아래 계획표를 보고, 알맞은 요일을 빈칸에 쓰세요.

월요일	화요일	수요일	목요일	금요일	토요일	일요일
수영	피아노	영어 학원	그림	태권도	목욕	영화 보기

화	요	일

92

때를 나타내는 말 알기

달력을 보고, 알맞은 요일을 빈칸에 쓰세요.

5월 5일 어린이날은
무슨 요일인가요?

5월 8일 어버이날은
무슨 요일인가요?

5월 15일 스승의 날은
무슨 요일인가요?

때를 나타내는 말 알기

그림을 보고, 서로 관계 있는 문장을 찾아 선으로 이으세요.

여름은 더워요.

난롯가에 있으면
따뜻해요.

선풍기를 틀면
시원해요.

겨울은 추워요.

때를 나타내는 말 알기

어느 계절인지 그림을 보고, 알맞은 글자를 빈칸에 쓰세요.

때를 나타내는 말 알기

동물들이 들고 있는 달력을 보고, 순서대로 빈칸에 쓰세요.

열두 달의 명칭을 순서대로 익히는 활동입니다.

때를 나타내는 말 알기

우리 가족의 생일을 알아보고, 날짜를 빈칸에 쓰세요.

나

엄마

아빠

동생

할머니

할아버지

형(오빠)

누나(언니)

제시된 가족 중 우리 가족에 없는 사람은 쓰지 않아도 됩니다. **97**

날씨를 나타내는 말 익히고 쓰기

그림을 보고, 어떤 날씨인지 흐린 글자 위를 따라 쓰세요.

바람이 쌩쌩 불어요.

눈이 펄펄 내려요.

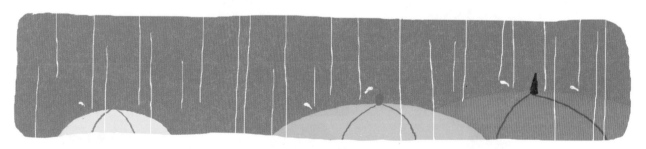

비가 주룩주룩 내려요.

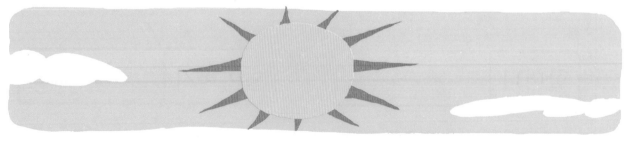

해가 쨍쨍 비춰요.

문장 2

문장 순서 알기, 기본 조사 익히기 등을 통해
짧은 문장을 바르게 사용할 수 있습니다.

학습 체크리스트

- 그림 보고 문장으로 말하기
- 바른 문장 만들기
- 문장 순서 알기
- 기본 조사 익히기
- 이어 주는 말 익히고 쓰기
- 원인과 결과 드러나게 글쓰기
- 부정문 익히고 쓰기
- 문장 부호 익히고 쓰기
- 소리와 글자가 다른 낱말 알기
- 알맞은 질문과 답하기

- 알맞은 인사말 익히기
- 때를 나타내는 말 익히고 쓰기
- 문장 의미 이해하기
- 원고지에 쓰기
- 글 읽고 '언제, 누가'에 해당하는 내용 쓰기
- 글 읽고 인물이 '한 일' 쓰기
- 꾸며 주는 말 넣어 문장 완성하기
- 초대하는 글 쓰기
- 편지글 쓰기

그림 보고 문장으로 말하기

동물 친구들이 무엇을 하고 있는지, 바른 문장에 ◯표 하세요.

너구리가 야구를 해요.

너구리가 축구를 해요.

너구리가 박수를 쳐요.

토끼가 손을 들어요.

토끼가 눈을 감아요.

토끼가 엉덩이를 흔들어요.

여우가 잠을 자요.

여우가 글씨를 써요.

여우가 책을 읽어요.

그림 보고 문장으로 말하기

씨앗을 심어 꽃이 필 때까지 모습을 보고,
보기 에서 알맞은 문장을 찾아 빈칸에 번호를 쓰세요.

보기

1. 꽃이 피어요.

2. 싹이 나와요.

3. 엄마가 물을 주어요.

4. 씨앗을 심어요.

그림을 보고 일이 일어난 순서에 맞게 문장을 찾아 연결하는 활동입니다.

그림 보고 문장으로 말하기

친구들과 함께 사진을 찍었어요. 친구들이 무엇을 입었는지
살펴보고, 빈칸에 이름을 쓰세요.

이는 줄무늬 티셔츠를 입고 있어요.

이는 노란 운동화를 신고 있어요.

이는 파란 바지를 입고 있어요.

는 빨간 모자를 쓰고 있어요.

바른 문장 만들기

그림을 보고, 바른 문장이 되도록 보기 에서 알맞은 글자를 찾아
빈칸에 쓰세요.

보기   버스를, 우유를, 꽃을, 노래를

돼지가 [   ] 불러요.

고슴도치가 [   ] 마셔요.

기린이 [   ] 심어요.

사자가 [   ] 타요.

목적어를 익히는 활동입니다.   103

바른 문장 만들기

엄마를 따라 시장에 갔어요. 사람들이 무엇을 하는지 보기 에서 알맞은 글자를 찾아 빈칸에 쓰세요.

보기   사요, 팔아요, 먹어요, 타요

아주머니가 바나나를 [   ].

아이가 사탕을 [   ].

엄마가 배추를 [   ].

기운이가 자전거를 [   ].

104   서술어를 익히는 활동입니다.

바른 문장 만들기

놀이터에 동물 친구들이 있어요. 누가 무엇을 하는지 보기 에서
알맞은 글자를 찾아 빈칸에 쓰세요.

보기   여우가, 너구리가, 곰이, 토끼가

그네를 타요.

모래성을 쌓아요.

공놀이를 해요.

아이스크림을 먹어요.

주어를 익히는 활동입니다.   105

문장 순서 알기

그림을 보고, 바른 문장이 되도록 순서대로 빈칸에 번호를 쓰세요.

1. 타요.
2. 엄마가
3. 자전거를

☐ ➡ ☐ ➡ ☐

1. 돌봐요.
2. 성원이가
3. 강아지를

☐ ➡ ☐ ➡ ☐

1. 그려요.
2. 그림을
3. 연주가

☐ ➡ ☐ ➡ ☐

문장 순서 알기

그림을 보고, 문장의 순서가 바른 것을 찾아 ○표 하세요.

다람쥐가 옷을 입어요.

다람쥐가 입어요 옷을.

옷을 입어요 다람쥐가.

해요 고슴도치가 세수를.

고슴도치가 세수를 해요.

세수를 해요 고슴도치가.

머리를 감아요 토끼가.

감아요 머리를 토끼가.

토끼가 머리를 감아요.

원숭이가 이를 닦아요.

이를 원숭이가 닦아요.

닦아요 원숭이가 이를.

107

문장 순서 알기

그림을 보고, 바른 문장이 되도록 차례대로 카드를 선으로 이으세요.

| 언니가 | 컵을 | 마셔요. |
| 내려요. | 주스를 | 언니가 |

| 방을 | 청소를 | 언니가 |
| 엄마가 | 나가요. | 해요. |

| 그림을 | 그려요. | 읽어요. |
| 나는 | 책을 | 동생이 |

108

문장 순서 알기

그림을 보고, 바른 문장이 되도록 순서대로 빈칸에 번호를 쓰세요.

코끼리가	
먹어요.	
채소를	

불어요.	
고양이가	
나팔을	

텔레비전을	
보아요.	
여우가	

우유를	
아기가	
먹어요.	

문장 순서 알기

그림을 보고, 바른 문장이 되도록 순서대로 빈칸에 번호를 쓰세요.

해요.	설거지를	엄마가

나는	보아요.	텔레비전을

식사를	아빠가	하세요.

기본 조사 익히기

문장 2

그림을 보고, 알맞은 글자를 찾아 ◯표 하세요.

뱀 이/가 기어가요.

두더지 이/가 땅을 파요.

풍선 이/가 날아가요.

돼지 이/가 잠을 자요.

기본 조사 익히기

그림을 보고, 문장에서 틀린 부분을 찾아 보기 와 같이 바르게 고쳐 쓰세요.

보기

는

나가 세수를 해요.

기린을 사뿐사뿐 걸어요.

나가 빵을 먹어요.

호랑이를 쌩쌩 달려요.

삼촌을 밥을 먹어요.

주격 조사(은, 는, 이, 가)를 익히는 활동입니다.

기본 조사 익히기

그림을 보고, '을'과 '를'을 알맞게 넣어 문장을 완성하세요.

숙제 ☐ 해요.

그림책 ☐ 읽어요.

밥 ☐ 먹어요.

꽃에 물 ☐ 주어요.

기본 조사 익히기

문장 2

그림을 보고, 보기 에서 문장에 알맞은 글자를 찾아
빈칸에 쓰세요.

보기   처럼, 보다, 에서, 까지

표범 [ ] 날쌔요.

나는 동생 [ ] 키가 커요.

동생

놀이터 [ ]

집 [ ] 뛰어와요.

과자 [ ] 과일을 좋아해요.

기본 조사 익히기

빈칸에 알맞은 글자를 쓰고, 문장에 맞는 그림을
오른쪽 그림에 그리세요.

원숭이가 호랑이 ☐ 꽃을 주어요.

너구리는 인형 ☐ 공을 좋아해요.

토끼는 10시 ☐ 7시 ☐ 잠을 자요.

기본 조사 익히기

식구들이 무엇을 하는지 알맞은 글자를 찾아 ○표 하세요.

할머니께서 빵 | 와 | 과 | 우유를 잡수세요.

오빠는 동생 | 까지 | 보다 | 발이 커요.

아버지께서 신문 | 을 | 를 | 읽으세요.

116

기본 조사 익히기

문장 2

그림을 보고, 무엇을 하는지 알맞은 글자를 빈칸에 쓰세요.

호랑이 ☐ 곰이 유치원에 왔어요.

호랑이는 가방 ☐ 메고, 곰 ☐ 모자를 썼어요.

호랑이와 곰이 선생님 ☐ 인사를 해요.

선생님도 호랑이와 곰 ☐☐ 인사를 해요.

117

이어 주는 말 익히고 쓰기

문장 2

첫 문장 다음에 '그러나'를 넣어 연결할 때 어울리는 문장을 찾아 ○표 하세요.

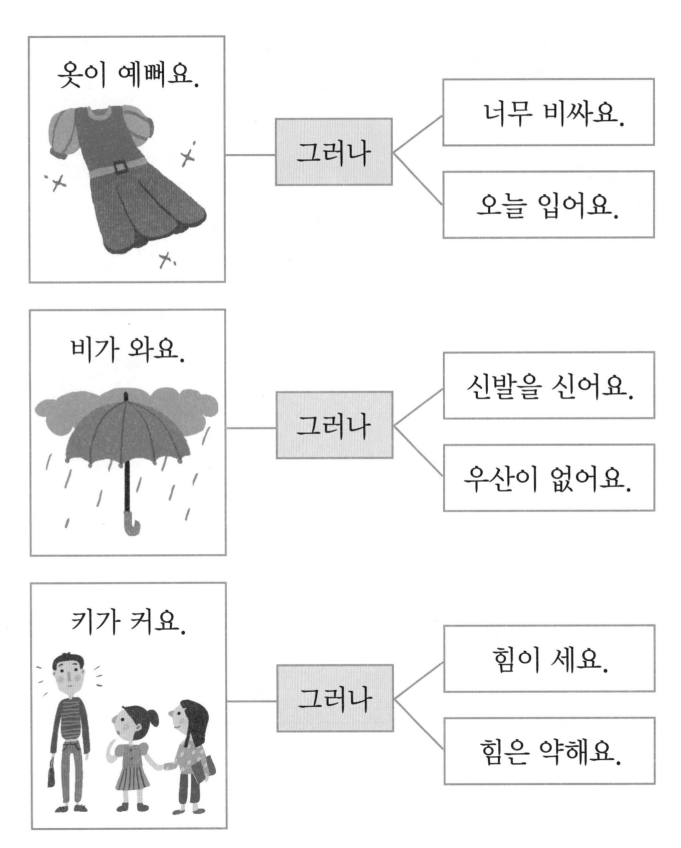

옷이 예뻐요.

그러나

너무 비싸요.

오늘 입어요.

비가 와요.

그러나

신발을 신어요.

우산이 없어요.

키가 커요.

그러나

힘이 세요.

힘은 약해요.

문장과 문장을 이어 주는 접속사를 익히는 활동입니다.

이어 주는 말 익히고 쓰기

두 문장이 자연스럽게 이어지도록 보기에서 알맞은 글자를 찾아
빈칸에 쓰세요.

보기   그래서, 그러나

고추가 매워요.

물을 마셔요.

토끼는 빨라요.

거북은 느려요.

 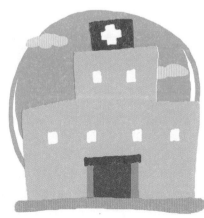

배가 아파요.

병원에 가요.

119

이어 주는 말 익히고 쓰기

'그런데'를 넣을 때 서로 어울리는 문장을 찾아 선으로 이으세요.

신발을 샀어요.

방 안이 깜깜해요.

손뼉을 쳐요.

그런데

갑자기 환해졌어요.

소리가 안 나요.

너무 커요.

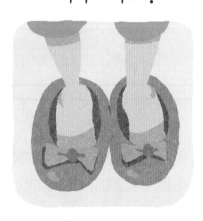

이어 주는 말 익히고 쓰기

두 문장을 보기처럼 한 문장으로 이어 빈칸에 쓰세요.

보기

선물을 받아요.

그래서 기뻐요.

선물을 받아서 기뻐요.

비가 와요.
그래서 우산을 써요.

비가 [   ] 우산을 써요.

길에서 넘어졌어요.
그래서 다리를 다쳤어요.

길에서 [   ] 다리를 다쳤어요.

이어 주는 말 익히고 쓰기

반대되는 두 문장을 보기 처럼 한 문장으로 이어 빈칸에 쓰세요.

보기

아빠는 사과를 좋아해요.
하지만 엄마는 사과를 싫어해요.

아빠는 사과를 좋아하지만
엄마는 사과를 싫어해요.

갈매기는 하늘을 날 수 있어요.
하지만 타조는 날지 못해요.

갈매기는 하늘을 [   ] 타조는 날지 못해요.

하마는 덩치가 커요.
하지만 하마는 겁이 많아요.

하마는 덩치가 [   ] 겁이 많아요.

122   앞뒤의 의미가 반대되는 문장을 연결하는 말을 익히는 활동입니다.

이어 주는 말 익히고 쓰기

일기에 쓴 두 개의 문장을 한 문장으로 이어 빈칸에 쓰세요.

오늘 유치원에서 솜씨 자랑을 했다.

나는 나팔을 불었다. 그리고 피아노도 쳤다.

피아노를 치면서 실수를 했다. 하지만 재미있었다.

가족들이 많이 왔다. 그래서 기뻤다.

오늘 유치원에서 솜씨 자랑을 했다.

나는 나팔을 [＿＿＿＿＿] 피아노도 쳤다.

피아노를 치면서 실수를 [＿＿＿＿＿] 재미있었다.

가족들이 많이 [＿＿＿＿＿] 기뻤다.

이어 주는 말 익히고 쓰기

두 개의 문장을 한 문장으로 이어 빈칸에 쓰세요.

은주는 키가 커요. 그리고 힘도 세요.

은주는 머리가 길어요. 하지만 나는 머리가 짧아요.

은주는 잘 웃어요. 그래서 예뻐요.

은주는 키가 [   ] 힘도 세요.

은주는 머리가 [   ] 나는 머리가 짧아요.

은주는 잘 [   ] 예뻐요.

원인과 결과 드러나게 글쓰기

두 문장을 한 문장으로 이어 주는 말을 찾아 ○표 하세요.

피노키오는 거짓말을 했어요.

그래서 코가 길어졌어요.

피노키오는 거짓말을 | 해서 | 했고 | 했지만 | 코가 길어졌어요.

물을 엎질렀어요.

그래서 바지가 젖었어요.

물을 | 엎질렀고 | 엎질렀지만 | 엎질러서 | 바지가 젖었어요.

바람이 세게 불어요.

그래서 모자가 날아가요.

바람이 세게 | 불지만 | 불어서 | 불었고 | 모자가 날아가요.

원인과 결과 드러나게 글쓰기

문장을 읽고, 보기 처럼 한 개의 문장으로 이어 쓰세요.

바람이 불어요.   그래서   촛불이 꺼졌어요.

보기   바람이 불어서 촛불이 꺼졌어요.

배가 고파요.   그래서   아기가 울어요.

이를 닦지 않아요.   그래서   이가 아파요.

운동을 해요.   그래서   몸이 튼튼해요.

부정문 익히고 쓰기

문장 2

그림을 보고, 바른 문장에 ◯표 하세요.

사자는 생쥐를 살려 주었어요.	
사자는 생쥐를 살려 주지 않았어요.	

여우는 포도를 먹었어요.	
여우는 포도를 먹지 않았어요.	

임금님은 옷을 입었어요.	
임금님은 옷을 입지 않았어요.	

부정문 익히고 쓰기

그림을 보고, 보기처럼 알맞은 글자를 빈칸에 쓰세요.

보기

아빠는 남자예요.

엄마는 남자가 아니에요.

엄마는 여자예요.

저것은 문어예요.

이것은 문어가 ____.

이것은 오징어예요.

이분은 경찰관이에요.

저분은 경찰관이 ____.

저분은 군인이에요.

128

부정문 익히고 쓰기

문장 2

그림을 보고, '안'과 '못' 중 알맞은 글자를 찾아 빈칸에 쓰세요.

토끼는 앞을 [ ] 보았어요.

두더지는 앞을 [ ] 보았어요.

곰은 여우의 소리가 [ ] 들렸어요.

원숭이는 초인종 소리를 [ ] 들었어요.

언니는 책을 [ ] 읽어요.

아기는 책을 [ ] 읽어요.

할 수 있지만 '안 하는 것'과 할 수가 없어서 '못 하는 것'의 차이를 익히는 활동입니다.

부정문 익히고 쓰기

그림을 보고, 보기 에서 알맞은 글자를 찾아 빈칸에 쓰세요.

보기   안 해요, 못해요, 못 먹어요

나는 수영을 ☐ .

나는 지금 밥을 ☐ .

내 동생은 목욕을 ☐ .

문장 부호 익히고 쓰기

문장 2

보기 에서 알맞은 문장 부호를 찾아 빈칸에 쓰세요.

보기　　. ! , ? ……

오늘은 지민이의 생일이에요 ☐

수민아 ☐ 잘 지냈니 ☐

생일 축하해 ☐

현지도 왔으면 좋았을 텐데 ☐☐.

문장 부호 익히고 쓰기

문장 부호를 쓰고, 보기 에서 알맞은 이름을 찾아 빈칸에 쓰세요.

보기　물음표, 온점, 반점, 느낌표

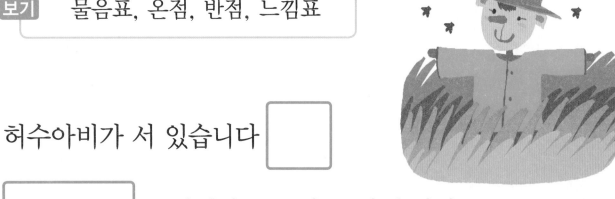

허수아비가 서 있습니다 ☐

☐ 은 설명하는 문장 끝에 옵니다.

무엇이 들어 있을까 ☐

☐ 는 묻는 문장 끝에 옵니다.

아, 정말 멋있다 ☐

☐ 는 느낌을 나타내는 문장 끝에 옵니다.

소리와 글자가 다른 낱말 알기

문장 2

문장을 읽고, 소리 나는 대로 쓴 글자를 바른 글자와
선으로 이으세요.

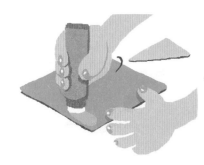

풀로 부치다. •

• 낳다

닭이 알을 나타. •

• 닦다

유리창을 닥따. •

• 좋다

하늘이 파라타. •

• 붙이다

향기가 조타. •

• 파랗다

소리와 글자가 다른 낱말 알기

승우의 일기를 읽고, 틀린 글자를 찾아 바르게 고치세요.

9월 10일 월요일 맑음

어제는 민속촌에서 마를 탔어요.

나는 거비 조금 났어요.

그래서 아빠가 소늘 잡아 주셨어요.

하지만 아프로는 혼자 탈 자신이 있어요.

마를	거비	소늘	아프로는
↓	↓	↓	↓

알맞은 질문과 답하기

질문을 읽고, 알맞은 대답을 찾아 선으로 이으세요.

엄마는 어디 가셨니? •

• 떡볶이가 먹고 싶어요.

뭐가 먹고 싶니? •

• 시장에 가셨어요.

왜 화가 났니? •

• 배가 아파요.

어디가 아프니? •

• 친구와 싸웠어요.

알맞은 질문과 답하기

문장 2

그림을 보고, 보기에서 대답에 알맞은 질문을 찾아 빈칸에 쓰세요.

보기

어느 것이 좋으니?   무엇을 샀니?

어디 가니?   누구세요?

엄마다. 문 열어라.

빨간 모자가 좋아요.

바나나를 샀어요.

할머니 댁에 가요.

의미가 통하는 질문과 대답을 익히는 활동입니다.

알맞은 질문과 답하기

그림에 어울리는 질문을 찾아 선으로 이으세요.

잘 있었니?

무엇을 먹니?

누가 인형을
사 주셨니?

잘 잤니?

어디가 아프니?

누가 오셨니?

알맞은 인사말 익히기

보기 에서 그림에 알맞은 문장을 찾아 말풍선 안에 번호를 쓰세요.

보기

① 도와줄까?

② 고마워.

③ 미안해! 괜찮아?

안 다쳤니?

알맞은 인사말 익히기

서로 어울리는 인사말을 찾아 선으로 이으세요.

잘 가거라. •

• 안녕히 다녀오세요.

죄송합니다. •

• 안녕히 계세요.

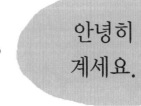

아빠, 회사 갔다 올게. •

• 괜찮다.

잘 다녀와라. •

• 학교에 다녀 오겠습니다.

139

알맞은 인사말 익히기

그림을 보고, 보기 에서 알맞은 글자를 찾아 빈칸에 쓰세요.

보기   잘 먹겠습니다,   죄송합니다

.

.

때를 나타내는 말 익히고 쓰기

그림을 보고, 지금 하고 있는 일과 이미 한 일을 구분하여,
알맞은 문장과 선으로 이으세요.

• 수영을 해요.

• 수영을 했어요.

• 수박을 먹어요.

• 수박을 먹었어요.

• 사과를 따요.

• 사과를 땄어요.

• 그림을 그려요.

• 그림을 그렸어요.

때를 나타내는 말 익히고 쓰기

문장 2

그림을 보고, 보기 에서 알맞은 문장을 찾아 빈칸에 쓰세요.

어제 　오늘 　내일

어제는 비가 왔어요.

오늘은

내일은

보기

맑은 날씨예요.
비가 왔어요.
눈이 올 거예요.

어제 　오늘 　내일

보기

그림을 그려요.
공놀이를 했어요.
줄넘기를 할 거예요.

어제는 공놀이를 했어요.

오늘은

내일은

142　'어제, 오늘, 내일' 에 따른 시제 변화를 문장 안에서 익히는 활동입니다.

문장 의미 이해하기

문장을 읽고, 알맞은 그림에 ○표 하세요.

찬영이가 풍선을 불어요.

기현이가 사과를 깎아요.

송주가 모자를 써요.

누나가 머리를 감아요.

143

문장 의미 이해하기

그림을 보고, 보기 에서 알맞은 글자를 찾아 빈칸에 쓰세요.

도둑은 지붕 [　　　] 내려다봐요.

당나귀는 짚 더미 [　　　] 자요.

고양이는 난로 [　　　] 자요.

수탉은 선반 [　　　] 자요.

개는 문 [　　　] 자요.

보기

위에서
옆에서

144

문장 의미 이해하기

친구들이 설명하는 것을 읽고, 어느 곳에 있는지 빈칸에 쓰세요.

나는 병원 옆 파란 건물에 있는

에 있어요.

나는 도서관과 식당 사이에 있는

에 있어요.

나는 은행 옆에 있는

에 있어요.

145

문장 의미 이해하기

종이에 쓰인 설명을 잘 보고, 누가 과자를 먹은 범인인지 찾아서
○표 하세요.

1. 키가 큽니다.
2. 파란 운동화를 신었습니다.
3. 안경을 끼지 않았습니다.
4. 빨간 목도리를 하고 있습니다.

원고지에 쓰기

문장 2

다음 문장을 잘 보고, 원고지에 바르게 쓰세요.

"으악, 사람 살려!"

	"	으	악	,	사	람	
살	려	!	"				

"꼬끼오! 훌륭해! 정말 잘했어!"

"히힝, 멍멍, 야옹, 꼬끼오, 꽥꽥!"

147

원고지에 쓰기

생일 카드를 읽고, 문장을 빈칸에 바르게 쓰세요.

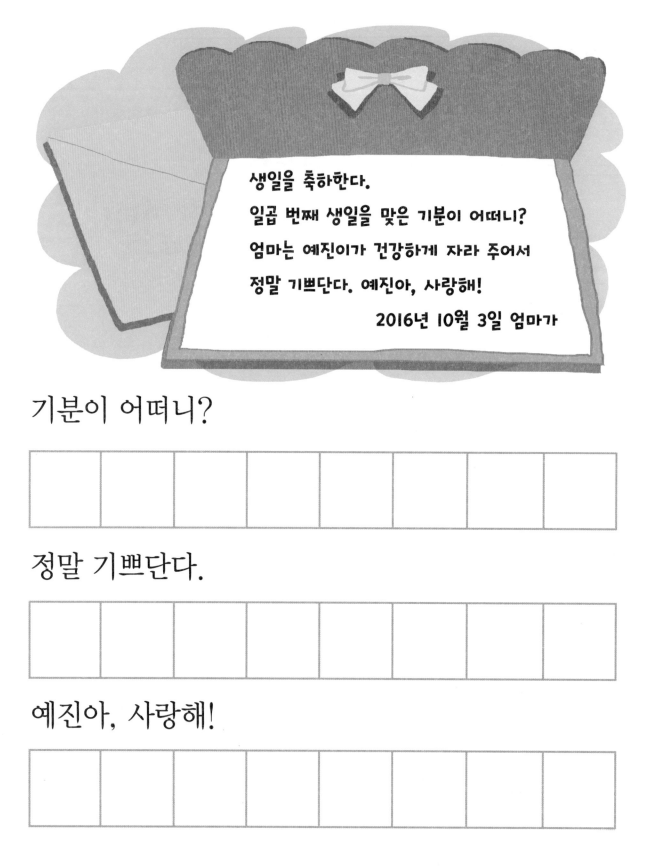

생일을 축하한다.
일곱 번째 생일을 맞은 기분이 어떠니?
엄마는 예진이가 건강하게 자라 주어서
정말 기쁘단다. 예진아, 사랑해!
2016년 10월 3일 엄마가

기분이 어떠니?

정말 기쁘단다.

예진아, 사랑해!

글 읽고 '언제, 누가'에 해당하는 내용 쓰기

문장 2

글을 읽고, 보기 처럼 물음에 답하세요.

보기

엄마는 동생의 생일 선물을 어젯밤에 만들었습니다.

1. 누가 선물을 만들었나요?

> 엄마

2. 언제 선물을 만들었나요?

> 어젯밤

철민이는 그림 그리기 시간에 기차를 그렸습니다.

1. 누가 그림을 그렸나요?

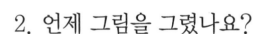

2. 언제 그림을 그렸나요?

아침에 영수는 아빠와 함께 산에 갔습니다.

1. 누가 아빠와 함께 산에 갔나요?

2. 언제 산에 갔나요?

글 읽고 인물이 '한 일' 쓰기

글을 읽고, 주인공이 어떤 일을 했는지 찾아 쓰세요.

1. 인어 공주가 한 일을 써 보세요.

_____

_____

_____

_____

한밤중에 갑자기 비바람이 몰아쳤어요. 왕자님이 탄 배가 뒤집히고 말았어요. 인어 공주는 물에 빠진 왕자님을 구해 냈어요.

2. 혹부리 영감님이 한 일을 써 보세요.

_____

_____

_____

밤이 되자 도깨비들이 마당으로 살며시 들어왔어요. 아무것도 모르는 혹부리 영감님은 큰 소리로 노래를 불렀어요.

꾸며 주는 말 넣어 문장 완성하기

문장을 읽어 보고, 알맞은 글자를 찾아 ◯표 하세요.

승빈이가 미끄럼틀을

즐거운	신나게

타고 있습니다.

보라가

하하	훌쩍훌쩍

웃고 있습니다.

호영이는

높은	큰

목소리로 노래를 부릅니다.

꾸며 주는 말 넣어 문장 완성하기

문장 2

주어진 글자를 넣어 보기 처럼 문장을 지어 보세요.

보기

빠르게

치타가 빠르게 달리고 있습니다.

아이스크림, 살살

소중한, 선물

하얀, 둥실둥실

초대하는 글 쓰기

혜원이가 친구들에게 보낸 생일 초대장을 보고,
내 생일 초대장을 꾸며 보세요.

국화반 친구들에게

이번 일요일이 내 생일 이란다. 우리 집에
모여서 맛있는 것도 많이 먹으며 재미있게 놀자.
꼭 와야 돼!

    때 : 10월 23일 오후 2시
    곳 : 우리 집 (파랑 아파트 12동 507호)

        10월 17일   혜원이가.

편지글 쓰기

문장 2

명희가 민서에게 편지를 썼습니다. 명희처럼 친구에게 하고 싶은 말을 편지로 써 보세요.

민서에게

민서야, 안녕?

지난 미술 시간에 노란색 크레파스를 빌려주어서 정말 고마웠어. 네가 노란색 크레파스를 빌려주지 않았다면 바탕색을 다 칠하지 못해 그림을 완성하지 못했을 거야.

다음에 나도 네가 필요한 것이 있으면 꼭 빌려줄게.

5월 19일 명희가.

해답

6쪽

바나나 / 과자 / 케이크 / 포도

7쪽
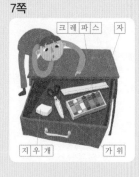

크레파스 자 / 지우개 / 가위

8쪽

오리 / 사자 / 하마

9쪽
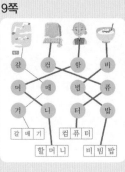

갈 검 할 비 / 머 매 빔 큐 / 기 나 터 밥 / 갈매기 / 컴퓨터 / 할머니 / 비빔밥

10쪽

자동차 / 공 / 블록 / 로봇

보기: 공, 블록, 로봇, 자동차

11쪽

보기: 필통, 머리핀, 공책, 액자

공책 / 필통 / 머리핀 / 액자

12쪽 순서는 상관없어요.

비옷 / 장화 / 우산

13쪽

보기: 국화, 무궁화, 장미, 진달래

장미 / 무궁화 / 국화 / 진달래

14쪽
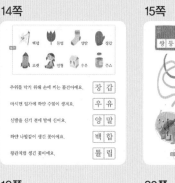

보기: 백합, 튤립, 양말, 장갑 / 로켓, 인형, 주스, 우유

추위를 막기 위해 손에 끼는 물건이에요. 장갑
마시면 입가에 하얀 수염이 생겨요. 우유
신발을 신기 전에 발에 신어요. 양말
하얀 나팔같이 생긴 꽃이에요. 백합
왕관처럼 생긴 꽃이에요. 튤립

15쪽
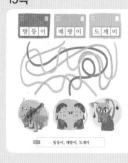

쌍둥이 / 배짱이 / 도깨비

보기: 쌍둥이, 배짱이, 도깨비

16쪽

보기: 윗옷, 튜브, 우표, 휴지

윗옷 / 휴지 / 튜브 / 우표

17쪽

딸기 / 굴 / 빵 / 고깔모자

18쪽

손 / 그릇 / 밥 / 다리 / 돌 / 바닥

19쪽
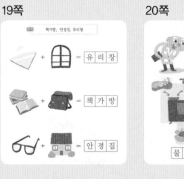

보기: 책가방, 안경집, 유리창

□ + □ = 유리창
□ + □ = 책가방
□ + □ = 안경집

20쪽

책상 / 물개 / 꽃병

21쪽

김밥 / 그림책 / 김 밥 책 / 그림 / 물병 / 망치 / 나무 / 물 병 / 나무망치

22쪽

보다/차다 / 말하다/듣다 / 먹다/던지다

23쪽

보기: 넣다, 신다, 쓰다, 입다

양말을 신다 / 옷을 입다 / 모자를 쓰다 / 짐을 넣다

24쪽

보기: 던져요, 쳐요, 달려요

래임을 쳐요 / 공을 던져요 / 빨리 달려요

25쪽

씻다 / 썰다 / 닦다 / 끓이다

26쪽

보기: 만들어요, 그려요, 붙여요, 오려요

너구리는 그림을 그려요
사자는 모자를 만들어요
토끼는 색종이를 오려요
오리는 풀로 종이배를 붙여요

27쪽
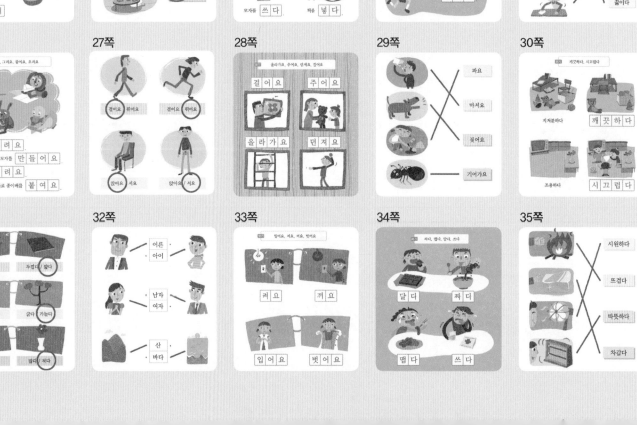

걸어요/뛰어요 / 걸어요/뛰어요 / 앉아요/서요 / 앉아요/서요

28쪽

보기: 올라가요, 주어요, 던져요, 걸어요

걸어요 / 주어요 / 올라가요 / 던져요

29쪽

파요 / 마셔요 / 찾어요 / 기어가요

30쪽

보기: 깨끗하다, 시끄럽다

지저분하다 / 깨끗하다 / 조용하다 / 시끄럽다

31쪽

두껍다/얇다 / 두껍다/얇다 / 굵다/가늘다 / 굵다/가늘다 / 닮다/적다 / 닮다/적다

32쪽

어른 · 아이 / 남자 · 여자 / 산 · 바다

33쪽

보기: 잡어요, 쳐요, 꺼요, 벗어요

켜요 / 꺼요 / 입어요 / 벗어요

34쪽

보기: 짜다, 맵다, 달다, 쓰다

달다 / 짜다 / 맵다 / 쓰다

35쪽

시원하다 / 뜨겁다 / 따뜻하다 / 차갑다

68쪽

배가 아파요. 배 / 배 / 배. 배를 타고 놀러 가요. 배가 맛있어요. 눈 / 눈. 눈이 펑펑 내려요. 눈을 감아요.

69쪽
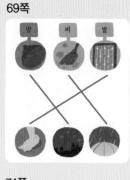
밤 / 비 / 발

70쪽

붙이다, 부치다. 우표를 붙이다. 부침개를 부치다. 편지를 부치다. 색종이를 붙이다.

71쪽

매다 / 매다. 가방을 매다. 끈을 매다. 깊다 / 깁다. 우물이 깊다. 옷을 깁다.

72쪽

열어요, 닫아요, 열려요, 닫혀요. 문을 열어요. 문이 저절로 열려요. 문을 닫아요. 문이 저절로 닫혀요.

73쪽

오빠가 밥을 먹어요. 엄마가 밥을 먹여요. 아이가 잠을 자요. 엄마가 잠을 재워요.

74쪽

아주, 조금, 잘. 병규는 수영을 아주 잘해요. 민이는 수영을 조금 할 줄 알아요. 형이는 수영을 잘 못해요.

75쪽

수빈이는 스케이트를 거의 / 전혀 타지 못한다. 피자가 아주 / 잘 맛이 있다. 꽃이 매우 / 별로 아름답다.

76쪽
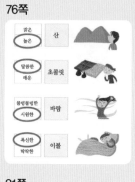
맑은 산. 달콤한 매운 초콜릿. 출렁출렁한 시원한 바람. 푹신한 딱딱한 이불.

77쪽

머리를 예쁘게 빗어요. 과자를 맛있게 먹어요. 책을 재미있게 읽어요. 아이를 무섭게 꾸짖어요.

78쪽

귀여운 아기가 웃어요. 뜨거운 햇볕이 내리쬐어요. 커다란 신발을 신어요. 차가운 아이스크림을 먹어요.

79쪽

네모난 / 동그란 / 뾰족한

80쪽

밥, 진지, 집, 댁. 내가 밥을 먹어요. 할머니께서 진지를 드세요. 우리 집이에요. 할머니 댁이에요.

81쪽

할머니(가, 께서) (잡니다, 주무십니다). 아버지(가, 께서) 책을 읽고 있습니다, 계십니다. 어머니(에게, 께) 책을 줍니다, 드립니다. 할아버지(가, 께서) 밥을 (먹습니다, 드십니다).

82쪽

북 / 서 / 동 / 남. 미용실은 어느 쪽으로 가야 하나요? (서쪽) 유치원은 어느 쪽으로 가야 하나요? (북쪽) 백화점은 어느 쪽으로 가야 하나요? (남쪽) 은행은 어느 쪽으로 가야 하나요? (동쪽)

83쪽

(이것, 저것)은 수학책이고, (이것, 저것)은 영어책입니다. (이분, 저분)은 엄마이고, (이분, 저분)은 할머니예요.

84쪽

생쥐, 토끼, 펭귄, 하마, 돼지. 토끼 앞에 생쥐가 있어요. 하마 뒤에 돼지가 있어요. 토끼와 하마 사이에 펭귄이 있어요.

85쪽

가운데 / 아래 / 위

86쪽

안 / 밖 / 위 / 아래. 상자 안에 있어요. 상자 밖에 있어요. 책상 위에 있어요. 책상 아래에 있어요.

87쪽

두 번째, 세 번째, 다섯 번째. 세 번째, 다섯 번째, 두 번째, 첫 번째, 네 번째.

88쪽

송이, 채, 그루, 대, 명. 집 다섯 채, 사람 두 명, 자동차 일곱 대. 나무 세 그루, 꽃 여섯 송이.

89쪽
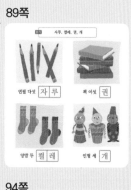
자루, 켤레, 권, 개. 연필 다섯 자루, 책 여섯 권, 양말 두 켤레, 인형 세 개.

90쪽

왔다. 이제는 주룩주룩 비가 올 것이다. 읽었다. 나는 지금 집에서 책을 읽고 있다. 읽을 것이다. 갔다. 나는 내일 병원에 간다. 갈 것이다.

91쪽

어제, 지금, 내일. 나는 어제 놀이동산에 갔어요. 나는 지금 밥을 먹고 있어요. 나는 어제 자전거를 탔어요. 나는 내일 할머니 댁에 갈 거예요.

92쪽
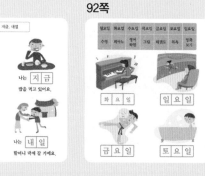
월요일 화요일 수요일 목요일 금요일 토요일 일요일. 화요일, 일요일, 금요일, 토요일.

93쪽

5월. 5월 5일 어린이날은 무슨 요일인가요? 목요일. 5월 8일 어버이날은 무슨 요일인가요? 일요일. 5월 15일 스승의 날은 무슨 요일인가요? 일요일.

94쪽

95쪽

봄 / 여름 / 가을 / 겨울

96쪽

1월 2월 3월 4월 5월 6월 7월 8월 9월 10월 11월 12월

97쪽 각자 써 보세요.

나, 엄마, 아빠, 동생, 할머니, 할아버지, 형(오빠), 누나(언니)